Vom Stadtschloß nach Sanssouci

Ein Spaziergang für Kinder durch Potsdam

Dieses Buch gehört:

....

....

Liebe Kinder,

mit vielen Kindergruppen habe ich schon interessante und erlebnisreiche Rundgänge durch meine Heimatstadt Potsdam unternommen.
Nun will ich euch die Gelegenheit geben, gemeinsam mit euren Eltern oder Großeltern, selbstständig auf Entdeckungsreise zu gehen.
Das kleine Buch soll euch dabei helfen die richtigen Sehenswürdig-keiten zu finden. Ganz hinten im Buch habe ich für euch einen Stadtplan gezeichnet und jedes wichtige Gebäude ist mit einer Nummer versehen.
Sollte euch die Tour zu lang erscheinen, kürzt ihr sie entweder ab oder macht euch zweimal auf den Weg.
Sicher findet ihr auch Spaß beim Lösen der Rätsel, die ich mir extra für euch ausgedacht habe.

Eure Inge Heinz

Rund um den Alten Markt

Vor dem Zweiten Weltkrieg soll dieser Platz einer der schönsten in Europa gewesen sein. Er ist einem italienischen Marktplatz nachgestaltet: Leider wurden am 14. April 1945 bei einem 20minütigen englischen Bombenangriff alle kunstvollen Bauten zerstört. Die drei Schmuckstücke waren das Rathaus, die Nicolaikirche und das Stadtschloss.Das Rathaus, die Nicolaikirche und das Fortunaportal des Stadtschlosses könnt ihr heute wieder besuchen.
Aber geht doch zuerst einmal in Richtung Lange Brücke!
Etwas versteckt, hinter der Pappelreihe, entdeckt ihr ein Viereck aus Stein im Rasen. Dort wurde um 1220 eine viereckige Steinburg mit einem Turm in der Mitte angelegt. Über 400 Jahre später ließ der Große Kurfürst Friedrich Wilhelm an Stelle der alten Burg ein Schloss errichten.
Seit 2013 ist es wieder aufgebaut und ist heute Sitz des Landtages.

Der Obelisk

Der Obelisk stand einmal in der Mitte des Alten Marktes (Obelisk - eine vierkantige Säule, die nach oben spitz wird). Er ist 24 m hoch.
Rund um den Obelisken fand früher regelmäßig Markt statt. Im Übrigen haben die Leute unten am Obelisken ihre Messer geschärft, aber das ist schon ein paar Jahre her. Früher konnte man an jeder Seite des Obelisken einen Herrscher aus dem Hause Hohenzollern (Name der königlichen Familie) sehen. Sie waren in Stein gehauen.

- **Der Große Kurfürst Friedrich Wilhelm** und die preußischen Könige

- **Friedrich I. (der Schiefe Fritz)**

- **Friedrich Wilhelm I. (Soldatenkönig)**

- **Friedrich II. (der Alte Fritz, Friedrich der Große)**

Weil die Herrscher alle Friedrich und Wilhelm hießen, hatte fast jeder seinen Spitznamen. Ende der siebziger Jahre musste der Obelisk erneuert werden. Jetzt sind dort vier große bedeutende Baumeister angebracht.

1. Aufgabe: Versucht bitte selbst die Namen zu lesen und vergleicht sie am Ende des Buches!

Das Rathaus

Ganz oben auf dem Rathaus seht ihr eine vergoldete Figur, den Atlas (Atlas - ein Riese der griechischen Sage). Er trägt die Weltkugel, denn früher glaubten die Menschen, der Riese Atlas trägt die Welt auf seinen Schultern.

Als man 1754 hier das 1. Rathaus erbaute, war der Atlas aus Blei und wog 58,5 dt (dt = Dezitonne = 5850 kg = 117 Zentner, das entspricht etwa dem Gewicht von fünf Autos). Durch die schwere Last und eine mangelhafte Befestigung stürzte er schon nach 22 Jahren herunter. Er zerbrach auf dem Pflaster.

Dann wurde er aus Kupfer hergestellt und nur einmal musste er seinen Platz verlassen, als er 1964/65 neu vergoldet wurde.

Im Turm unter dem Atlas war früher das Potsdamer Stadtgefängnis. Heute wäre es viel zu klein. Im Alten Rathaus ist seit 2012 das Potsdam Museum.

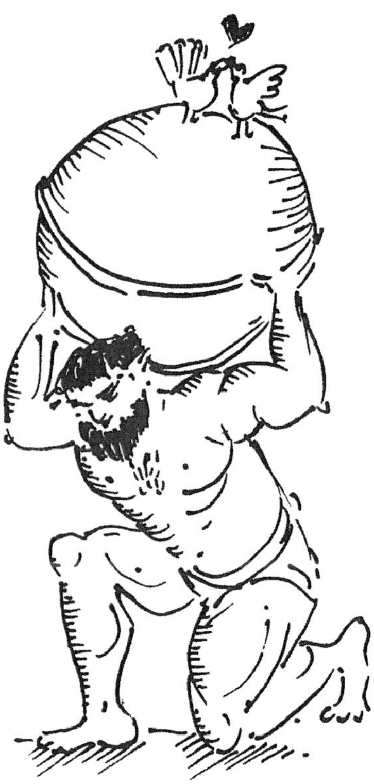

2. Aufgabe:

Wie heißt die vergoldete Figur?

Die Nicolaikirche

Nicolai (Nikolaus) - Schutzpatron der Kaufleute und Schiffer. Ihr kennt ihn als Freund der Kinder. Jedes Jahr am 6. Dezember kommt er zu euch! Oder? Fast zu riesig für diesen Platz, aber wunderschön - die Nicolaikirche. Schon vor etwa 700 Jahren soll hier eine Kirche aus Feldsteinen gestanden haben. Ihr seht hier eine Kirche, zu der Karl Friedrich Schinkel die Pläne lieferte. Zuerst hatte sie keine Kuppel und die Akustik war ganz mies. Also setzte man eine Kuppel darauf und die vier Glockentürme, um der Kuppel den richtigen Halt zu geben. Wenn ihr neugierig geworden seid, geht doch einfach in die Kirche hinein. Ein Tipp von mir: Lasst euch die Kassette vorspielen! Dann erfahrt ihr in zehn Minuten zur Geschichte dieser Kirche noch viele interessante Dinge.

3. **Aufgabe:** Wie heißt der Architekt der Kirche?

____

Für Eltern und Großeltern

Im 13. Jahrhundert stand hier eine Feldsteinkirche, die mehrfach umgebaut wurde. Nach großen Stadtbränden vergrößerte man sie und 1774 erbaute man eine Barockkirche. Vorbild für die Fassade war die Kirche St. Maria Maggiore in Rom. 1795 brannte die Kirche ab. Die Fassade, das Volk nannte sie "Vorhemdchen", blieb bis 1811 stehen. Am 02.09.1830 war dann die Grundsteinlegung für die Kirche in ihrer jetzigen Form.

Das Fortunaportal

Neben der Nicolaikirche könnt ihr seit Oktober 2002 wieder das Fortunaportal bewundern. Fortuna ist die Glücksgöttin.
Bereits vor über 300 Jahren ließ der erste König in Preußen, Friedrich I., vom französischen Baumeister Jean de Bodt dieses Portal als Haupteingang zum Stadtschloss errichten. Es war ein in Europa einzigartiges Schlosstor.
Schaut euch die Fortuna einmal etwas genauer an! Sie ist 2,15 m hoch und steht mit dem rechten Bein auf einer Kugel, die einen Durchmesser von 90 cm hat. Der linke Arm zeigt in Richtung Wind. Ihr rechter Arm greift in das Gewand. Es bläht sich wie ein Segel auf. Bläst der Wind dort hinein, dreht sich die stattliche Dame um ihre eigene Achse und das obwohl sie 400 kg schwer ist. Die Glücksgöttin Fortuna besteht aus Kupfer und ist natürlich vergoldet.

Die Heiliggeistkirche

Was von der Langen Brücke aus wie ein Telefon-Sendemast oder eine Raketen-Abschussrampe aussieht, war früher eine Kirche. Heute ist es ein Seniorenheim. Dieses Bauwerk mit dem "stählernen Hut" wurde Ende 1997 fertig gestellt. Es ist der höchsteTurm in Potsdam - 84 m hoch. Ein Glockenspiel mit 16 Glocken soll in Zukunft um 12 Uhr und um 18 Uhr zwei Melodien von Johann Sebastian Bach erklingen lassen.
Am Wochenende könnt ihr den Turm besteigen und habt bei schönem Wetter eine tolle Aussicht über Potsdam.

4. Aufgabe:
Wie hieß das jetzt moderne Bauwerk früher?

____

Für Eltern und Großeltern

Der Soldatenkönig hatte die Heiliggeistkirche 1725 - 28 errichten lassen. Es war eine typische Barockkirche. Auch sie wurde 1945 zerstört und später wurde die Ruine weggesprengt. Architekt der neuen modernen Sehenswürdig-keit hier in Potsdam ist der Italiener Augusto Romano Burelli. Ende 1997 wurde das Bauwerk eingeweiht.

Die Slawische Burg

Wo heute das Seniorenheim steht, gab es zwischen 500 und 700 nach Christi Geburt eine Burganlage mit einem ca. 80 m langen Innenraum. Die Lage war super gewählt, denn durch das Havel-Nuthe-Dreieck (die Havel und die Nuthe sind Flüsse, die durch Potsdam fließen) konnte man hier alle Wasserwege kontrollieren. An dieser Stelle war der Ursprung von Potsdam.
Später, etwa um 1160, wurde direkt am Havelufer an der heutigen Langen Brücke eine Befestigung aus Holz und Erde errichtet.
An der Havel entwickelte sich eine Burgfischerei.
Ihr könnt dies und noch mehr über das alte Potsdam, es hieß damals Poztupimi, auf der großen Tafel an der Hauswand neben dem Seniorenheim nachlesen.

Der Marstall

Bereits 1685 wurde das Gebäude als Orangerie gebaut. Eine Orangerie war früher ein Gewächshaus zur Zucht von Orangen. Heute versteht man unter Orangerie einen Winterschutz für südländische Pflanzen.
Es soll das älteste noch erhaltene Gebäude in Potsdam sein. Etwa 30 Jahre später wurde es als Marstall benutzt. Marstall bedeutet Pferdestall.
Zur Zeit des Soldatenkönigs standen unten 88 königliche Reitpferde. In der oberen Etage wohnten die Stallbediensteten, außerdem waren dort ein Futterboden und ein Fechtboden.
Friedrich II. ließ den Marstall umbauen und erweitern. Nun kamen auch die großen steinernen Pferde und Reitergruppen auf das Dach.
1918 wurden dann die letzten Pferde versteigert. Ein paar Jahre später wurde das Haus ein Museum. Beim Bombenangriff im April 1945 wurde es stark beschädigt. Man hat es wieder restauriert und heute ist es ein Filmmuseum. Auch für euch werden hier im Kinosaal interessante und wunderschöne Kinderfilme gezeigt.

Der Stadtkanal

Wir sind nun an der Straße "Am Kanal" angekommen. Genau da, wo ihr heute Teilstücke des Kanals seht, war vor über 300 Jahren der Potsdamer Stadtkanal angelegt worden, um das sumpfige Gebiet trocken zu legen. Er war ca. 1,7 km lang und war angelegt wie die Grachten (kleine Kanäle) in Holland.
Natürlich gab es auch viele Brücken. Kähne mit Baumaterial kamen hier an, Fischer und Obstbauern aus Werder verkauften ihre Ware. Es flossen auch Abwässer hinein. Besonders im Sommer stank es mächtig. In den sechziger Jahren des 20. Jahrhunderts begann man den Kanal zuzuschütten. Das hat man mittlerweile sehr bereut und einige Kanalabschnitte wieder freigelegt. Die alten Treppen und Mauern sind noch vorhanden. An den Eisenringen haben die Leute ,früher ihre Kähne festgebunden.

Für Eltern und Großeltern

Er verlief von der Großen Fischerstraße in westlicher Richtung durch die Stadt und erreichte an der Unteren Planitzinsel wieder die Havel. Schon im Mittelalter gab es in Potsdam Stadtgräben. Aber 1673 wurde der Kanal angelegt, um das in der Stadt gelegene sumpfige Gebiet trockenzulegen.1720 bekam er eine hölzerne Schalung und hölzerne Geländer. Er sah aus wie eine holländische Gracht und an beiden Seiten des Kanals entstanden vornehme Häuser. Die Kanalbrücken waren mit Posten besetzt und die Gittertore waren verschlossen. 1756/70 ließ Friedrich II. steinerne Ufermauern und steinerne Geländer und Brücken errichten. Der Kanal war sowohl Entwässerungsgraben als auch Schifffahrtsweg. Es flossen Abwässer hinein, außerdem fehlte Strömung, also verschlammte er rasch und musste häufig ausgebaggert werden. 1965 begann man mit der schrittweisen Zuschüttung.

Der Neue Markt

Ganz in der Nähe vom Alten Markt erreichen wir den Neuen Markt. Dieser schöne Platz wurde 1683/85 angelegt. Dort wo oben die vier Pferde eine Kutsche ziehen, war einmal der Stall für die Kutschpferde. Auf dem Kutschbock sitzt der Leibkutscher von Friedrich II., der E. Pfundt hieß. Links und rechts vom Kutscher Pfundt sind Stallbedienstete mit dem Reinigen von Satteln und Zaumzeug beschäftigt. Im ehemaligen Kutschpferdestall ist heute das Haus der Brandenburgisch-Preußischen Geschichte. In der Mitte des Platzes steht seit 1735 eine königliche Waage. Sie wurde als Fachwerkhaus errichtet. Seit 1816 gibt es das jetzige Gebäude. 1875 wurde die städtische Ratswaage vom Rathaus hierher verlegt. Pferdewagen fuhren (mit Getreide u.a.) auf die hölzerne Platte. Diese Platte seht ihr heute noch.

Friedrich II.

Zu den bekanntesten Königen von Preußen gehört Friedrich II., auch Friedrich der Große oder der Alte Fritz genannt. Er regierte 46 Jahre lang. Friedrich ließ in Potsdam viele Schlösser bauen. Aber er führte auch mehrere Kriege. Das Oderbruch ließ er entwässern und in Brandenburg ordnete er den Anbau der Kartoffel an. Er liebte die Landwirtschaft. In Gewächshäusern ließ er Melonen, Ananas und Bananen anbauen, im Park Sanssouci hatte er Obst- und Gemüsegärten. Er kümmerte sich auch sehr um die Ordnung in seinem Land.

Hier sind für euch ein paar seiner Anordnungen:

1. *An Sonn- und Feiertagen sollten die Menschen nicht arbeiten, sondern in die Kirche zum Gottesdienst gehen.*
2. *War jemand in eine Schlägerei verwickelt, musste er drei Taler Strafe zahlen. (Ein Paar Schuhe kostete damals einen Taler.)*
3. *Wer einer Schlägerei zusah und nicht eingriff, musste ebenfalls Strafe zahlen.*
4. *Das öffentliche Fluchen war verboten.*
5. *Jeder musste eine bestimmte Anzahl Eichen, Obstbäume oder Ulmen pflanzen.*

Wenn die Punkte 2, 3, und 4 heute noch gelten würden, hättet ihr bestimmt manchmal Probleme.

5. **Aufgabe:** Wie wurde Friedrich II. noch genannt?

Das Glockenspiel

Vor uns auf der ehemaligen "Plantage" sehen wir ein modernes Glockenspiel mit 40 Glocken. Es wurde am 14.04.1991 wieder eingeweiht. Aber schon vor 200 Jahren konnte man ein Glockenspiel hören.
Es erklang von der Garnisonkirche mit ihrem 88,40 m hohen Glockenturm. In dieser Kirche war von 1786 bis 1943 der "Alte Fritz" bestattet, dann wurde er ausgelagert. Leider wurde die Kirche am 14.04.1945 zerbombt und 1968 die Ruine gesprengt. Wie früher erklingt auch heute zur halben Stunde "Üb immer Treu und Redlichkeit bis an dein kühles Grab und weiche keinen Fingerbreit von Gottes Wegen ab"!
Diese Melodie ist aus der Mozart Oper "Die Zauberflöte".
Zur vollen Stunde erklingt ein Choral, das ist ein kirchliches Lied.

Für Eltern und Großeltern

Friedrich Wilhelm I.(Soldatenkönig) ließ die Kirche 1732 für seine Garnison erbauen. Die Potsdamer „Soldatenkirche“ hatte seit 1736 ein Glockenspiel. Und seit 1796 erklingen die gleichen Melodien wie heute. Sinn des Glockenspiels war es, Soldaten und Bürger, Regierende und Regierte gleichermaßen zum Gehorsam gegenüber Gott und damit zur ethischen Orientierung für ihr Leben zu mahnen und zu rufen. Hitler hielt hier am 21.03.1933, dem Tag von Potsdam, eine Rede zur Konstituierung des neuen Reichstages. Er erhielt symbolisch die Macht.
Am 23.06.1968 wurde die Ruine der Garnisonkirche gesprengt.

Ehemaliges Großes Militärwaisenhaus

Gegenüber dem Glockenspiel steht ein riesiges Gebäude.Über der Tür findet ihr die römische Jahreszahl MDCCLXXII. Friedrich Wilhelm I., genannt der Soldatenkönig, ließ das Gebäude 1722 als Fachwerkhaus errichten. Sein Sohn Friedrich II., auch als Friedrich der Große oder der "Alte Fritz" bekannt, ersetzte es 50 Jahre später durch den Neubau, den ihr jetzt hier sehen könnt.
Die große Kuppel in der Lindenstraße heißt Monopteros und die goldene Figur darauf Caritas. Sie steht für die Nächstenliebe und die Barmherzigkeit.
Der Soldatenkönig stiftete das Waisenhaus als Erziehungsanstalt für Soldatenkinder und Militärwaisen, die darin im Lesen, Schreiben und Rechnen unterrichtet wurden. Nach dem Schulabschluss erlernten sie, fast so wie heute, einen Handwerksberuf. Die Kinder durften das Waisenhaus nach Abmeldung beim Lehrer zu Spazier gängen in die Stadt verlassen und konnten in den Ferien zu ihren Eltern oder Verwandten fahren. Wenn ihr den Speiseplan der Kinder lest, könnt ihr euch vorstellen, dass es uns heute nicht recht schmecken würde, was hier auf den Tisch kam.
Aber die Könige sorgten dafür dass die Waisenhauskinder stets ausreichend zu essen hatten. Und was heutzutage eintönig und ungewohnt klingt, aßen früher die meisten einfachen Leute in Potsdam und Brandenburg.

Der Speisezettel für Waisenhauskinder 1725

	MITTAG	ABEND
MONTAG	DICKE HIRSE UND OCHSENGESCHLINGE	BUCHWEIZENGRÜTZE UND BUTTER=STULLEN
DIENSTAG	GERSTENGRÜTZE MIT KLIPPFISCH ODER HERING	HABERGRÜTZE UND BUTTERSTULLEN
MITTWOCH	ERBSEN MIT SPECK UND BROT	MEHLSUPPE UND BUTTERSTULLEN
DONNERSTAG	WIE AM SONNTAG	WIE AM SONNTAG
FREITAG	DICKE HIRSE, MILCH UND BROT	WIE AM MONTAG
SAMSTAG	HABERGRÜTZE UND WURST	WIE AM MITTWOCH
SONNTAG	GERSTENGRAUPE UND FLEISCH MIT REIS	SUPPE UND BUTTERSTULLEN

Übrigens: Die Kinder bekamen mittags und abends beim Essen Bier zum Trinken. Das war damals fast überall so, das Bier war ganz dünn und machte nicht betrunken.

6. Aufgabe: Versucht einmal die römischen Zahlzeichen zu entziffern!

Die Moschee

Nun denkt ihr sicher, wir kommen in das Reich des Kleinen Muck oder einer arabischen Prinzessin. Aber das ist ein Irrtum.
1842 wurde diese Moschee gebaut. Aber nicht als Gebetshaus, sondern als Pumpwerk für die Fontänen im Park von Sanssouci. Diese Pumpstation brauchte eine Dampfmaschine mit einem Schornstein.
Der einfallsreiche Architekt Persius verbarg den 36 m hohen Schornstein in einem Minarett (Gebetsturm einer Moschee).
Das Pumpwerk arbeitet aber nicht mehr wie einst. Das Havelwasser wird heute mit einem Elektromotor auf den Ruinenberg hinter dem Schloss Sanssouci gepumpt. Geht doch mal hinein in die Moschee und schaut euch das technische Museum an!

7. **Aufgabe:** Wozu diente und dient heute noch die Moschee?

Das Straßenpflaster von Potsdam

Diese Geschichte fand ich in einem Lesebuch für Kinder aus dem Jahre 1926. Vor 450 Jahren hatte Potsdam unmögliche Straßen. Weder Reiter noch Wagen oder Kutschen kamen ohne Probleme voran. Dic Fußgänger rempelten sich gegenseitig an und beschimpften sich dann mit Namen aus dem Tierreich. So war Potsdam also berühmt geworden durch seine miesen Straßen und sein vieles Schimpfen.
Schließlich fanden die Stadtväter ein Mittel, ohne Kosten gleich beide Übel auszurotten. In einer Verordnung hieß es: Jeder, der einen Bürger einen "Schafskopf" nennt, muss zwei Ruten (1Rute = 16 Fuß = 4,50 m) im Geviert pflastern. Wer das Wort "Ochse" gebraucht, hatte drei Ruten zu pflastern, "Esel", damals ein böses Schimpfwort, wurde sogar mit dem Pflastern von vier Ruten bestraft. Die Stadtknechte passten gut auf und erwischten so viele, dass die Plätze um Kirche und Rathaus recht schnell ein neues Pflaster bekamen. Auch die anderen Straßen kamen an die Reihe. Nicht zu vergessen, auch der Umgangston unter den Potsdamern wurde freundlicher.

Die Große Stadtschule

1735 führte der Soldatenkönig die Schulpflicht ein und 1738 stiftete er die Große Stadtschule in der Friedrich-Ebert-Straße. Ein Jahr später war sie fertig. Schaut euch das vergoldete Wappen am Balkon an und ihr erkennt, wer der königliche Spender war.

Ein berühmter Schüler, der Schriftsteller Heinrich von Kleist, bereitete sich hier auf sein Studium vor.

1975/77 wurde sie in ursprünglicher Gestalt und Farbigkeit rekonstruiert. Bis 1999 wurden hier noch Kinder unterrichtet.

Holländisches Viertel

Klein-Holland in Potsdam!
Im Jahre 1732 reiste der Soldatenkönig nach Amsterdam und lockte erstmals holländische Baufachleute nach Potsdam. Es kamen: Jan Boumann, er war Schiffsbaumeister und wurde der Architekt des Holländischen Viertels, Adrianus den Ouden, ein Bau- und Kunsthandwerker und noch viele andere Handwerker. Der König wollte nämlich die geschickten, holländischen Handwerker in seiner Stadt haben, z.B. Samtmacher, Tuchmacher, Knopfmacher, Tapetenmacher. Heute gibt es diese Berufe längst nicht mehr.
Es wurden 134 rote Backsteinhäuser gebaut. In den Hof- und Vorgärten wuchsen Obst- und Walnussbäume. Vor den Häusern blühte es von Frühling bis Herbst. Aber die Holländer kamen nur zögernd. Also wohnten auch deutsche Familien hier. Meistens waren es Soldaten und Handwerker.
Friedrich II. vollendete das Holländische Viertel und im Jahr 1744 war es endlich mit dem ländlichen Modder vorbei, denn die Straßen wurden gepflastert.

Für Eltern und Großeltern

Es sind zwei Haustypen zu erkennen, das fünfachsige Traufenhaus und das dreiachsige Giebelhaus. Die Mittel- und Eckhäuser hatten prächtige, geschnitzte Portale.
Hier wohnten privilegierte Handwerker (Brauer, Apotheker, Schlachter, Bäcker).
Zurzeit Friedrich II. wohnten auch viele Künstler im Holländischen Viertel.

Potsdamer Stadttore

Vor ein paar hundert Jahren gab es in Potsdam noch keine Stadttore. Die Havel, Gräben und viel Sumpf gaben genügend Schutz gegen Feinde. Erst der Soldatenkönig ließ in der Nähe der Freundschaftsinsel einen Palisadenzaun (viele Holzpfähle aneinandergereiht) anlegen. 1722 ließ er eine Stadtmauer aus Backsteinen bauen. Sie war 12 Fuß hoch - das sind 3,77 m (1 Fuß = 31,4 cm). Die Mauer bot Schutz gegen eingeschmuggelte Ware und Soldaten, die fliehen wollten. Teile dieser alten Stadtmauer seht ihr auch heute hinter der Heiliggeistkirche. Sie ist denkmalgeschützt und nur noch etwa 140 m lang.
Das älteste Stadttor, **das Jägertor,** wurde 1733 erbaut. Schaut euch den Schmuck ganz oben an! Ein Hirsch wird durch Jagdhunde gerissen. Ebenfalls an der Stadtmauer stand das **Nauener Tor** (direkt am Holländer Viertel). Seht euch mal die Löwen an der Stadtseite an! Oder sind es gar Fratzen? Dann wurde auch das **Berliner Tor** (an der Berliner Straße) gebaut. Aber davon sind heute nur noch Reste des Wach- und Zollhäuschens übrig. Und ganz in der Nähe vom Park Sanssouci steht das Brandenburger Tor. So bauten früher die Römer ihrc Triumphbögen. Oben drauf seht ihr die vergoldete Krone der Könige. Vor 100 Jahren fuhr durch dieses Tor noch die Pferdestraßenbahn.
Vom fünften Stadttor, dem **Neustädter Tor,** steht nur noch ein Obelisk in der Nähe der Moschee. Abends wurden die Stadttore geschlossen, damit kein Fremder in die Stadt eindringen konnte.

Alexandrowka

Ein russisches Dorf in Deutschland? Das gibt es wirklich hier im Norden von Potsdam. Der Name Alexandrowka kommt vom russischen Zaren Alexander der I. Diese 12 russischen Blockhäuser entstanden 1826. König Friedrich Wilhelm III. ließ sie für die letzten 12 russischen Sänger eines Soldatenchores erbauen. Dieser König liebte die russischen Volkslieder sehr. Außerdem gibt es ein 13. Haus (die Nr. 1). Hier wohnte der Vorsteher der russischen Sänger. Das war ein deutscher Feldwebel, denn es musste militärische Zucht und Ordnung herrschen.
Die Nr. 1 wurde genau in der Mitte der Kolonie gebaut. Denn von hier konnte der Aufseher alles gut überwachen. Der König ließ die Häuser bereits einrichten. Spinnrad, Kinderbett, Schüsseln, Töpfe, Besteck, eine tickende Stubenuhr - nichts fehlte. Im Stall stand die bunte Kuh und der Garten war groß und hatte viele Obstbäume.

Heute wohnt noch eine russische Familie hier.
Sie heißt Grigorieff.
Oben auf dem Kapellenberg steht eine wunderschöne russisch-orthodoxe Kirche, die ihr auch besichtigen könnt.
Der Priester wohnt daneben im 14. Blockhaus.

Schloss Sanssouci

Nicht weit von hier entfernt steht in einem wunderschönen Park das Schloss Sanssouci. Der Name ist französisch und es heißt "Ohne Sorge". Friedrich II. ließ es von 1745 bis 1747 erbauen. Georg Wenzeslaus von Knobelsdorff war sein Baumeister. Aber wie das Schloss aussehen sollte, hat der König bestimmt. Hier wohnte Friedrich II. fast 40 Jahre. Aber immer nur von April bis Oktober.
Es war sein Sommersitz.
Ihr könnt dieses weltbekannte wunderschöne Schloss besuchen.
Na dann, viel Spaß und lasst euch viele interessante Dinge im Schloss erzählen.

Welcher Herrscher regierte wann?

Großer Kurfürst Friedrich Wilhelm	1640 - 1688
Kurfürst Friedrich III.	1688
später König Friedrich I.	1701 - 1713
König Friedrich Wilhelm I.	1713 - 1740
König Friedrich II.	1740 - 1786
König Friedrich Wilhelm II.	1786 - 1797
König Friedrich Wilhelm III.	1797 - 1840
König Friedrich Wilhelm IV.	1840 - 1861
König/Kaiser Wilhelm I.	1861 (1871) - 1888
Kaiser Friedrich III.	1888 - 1888
(der 99 Tage - Kaiser)	
Kaiser Wilhelm II.	1888 - 1918 *(abgedankt)*

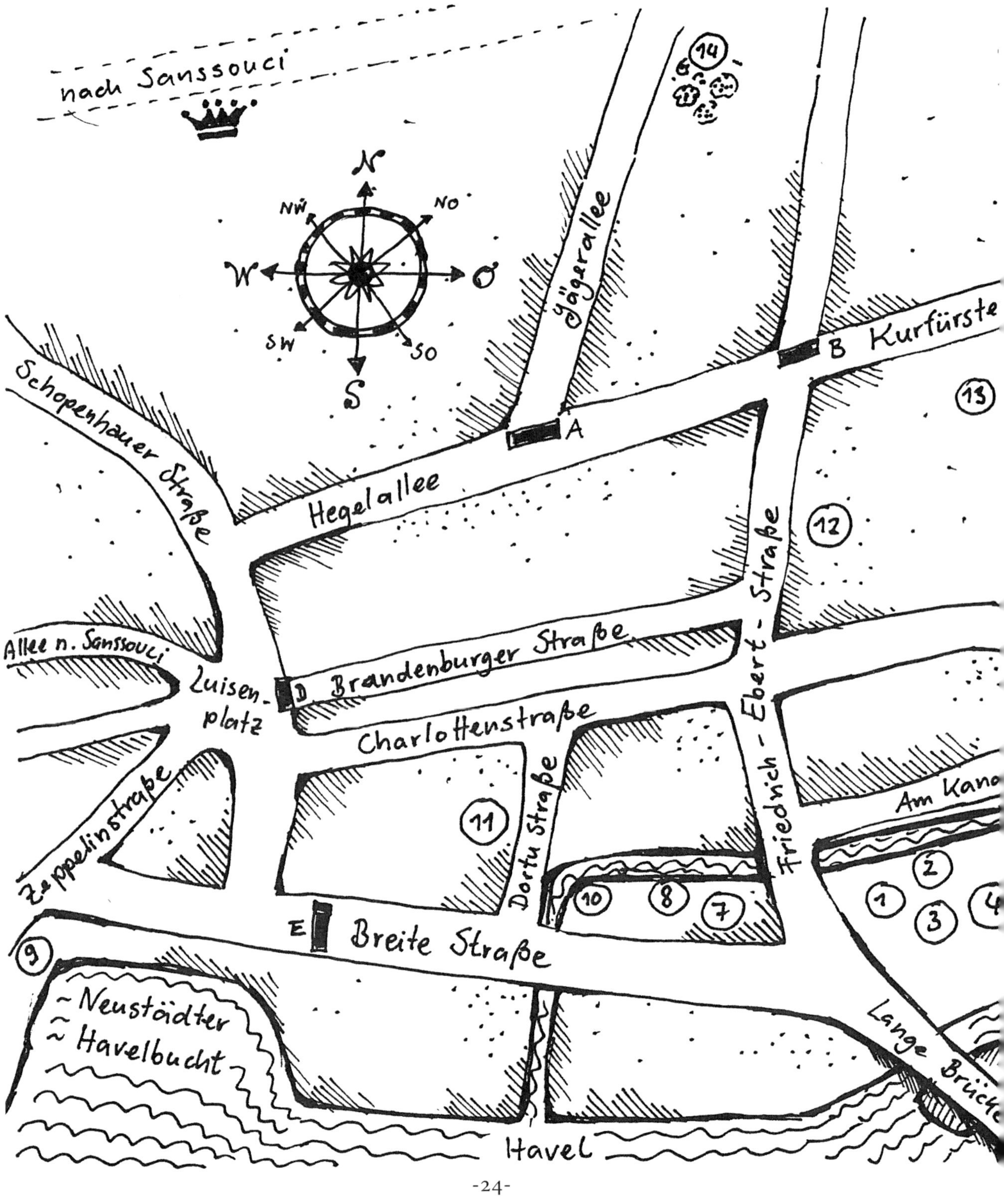

nach Sanssouci
N
NW
NO
W
O
SW
SO
S
Jägerallee
Kurfürste
A
B
Schopenhauer Straße
Hegelallee
13
12
14
Allee n. Sanssouci
Luisen-
platz
D
Brandenburger Straße
Friedrich-Ebert-Straße
Charlottenstraße
Zeppelinstraße
11
Dortu Straße
Am Kana
2
1
3
4
10
8
7
E
Breite Straße
9
Neustädter
Havelbucht
Lange Brücke
Havel

Stadtplan

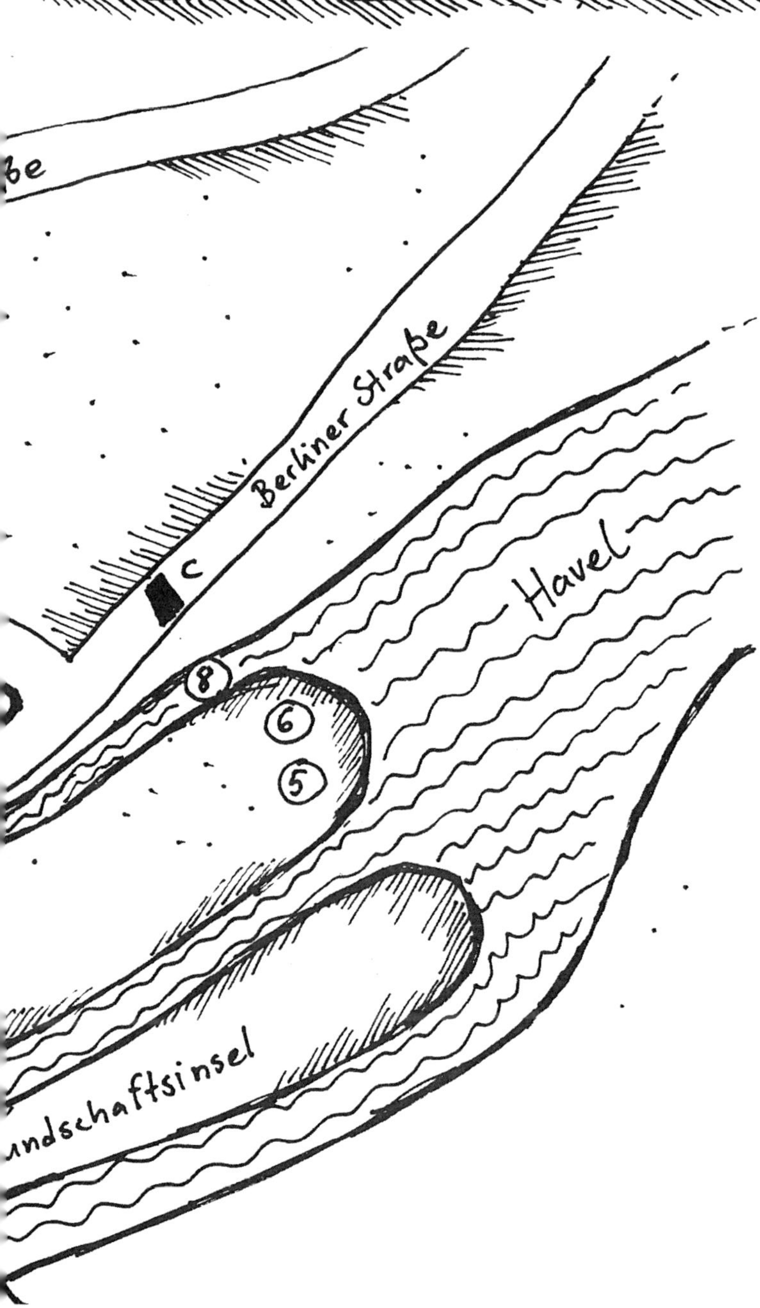

A Jägertor
B Nauener Tor
C Berliner Tor
D Brandenburger Tor
E Neustädter Tor

1. Alter Markt
2. Nicolaikirche
3. Obelisk
4. Rathaus
5. Heiliggeistkirche
6. Slawische Burg
7. Neuer Markt
8. ehemaliger Stadtkanal
9. Moschee
10. Glockenspiel
11. Militärwaisenhaus
12. Stadtschule
13. Holländisches Viertel
14. Russische Kolonie Alexandrowka

Rätsel

1. Wie heißt das älteste Potsdamer Stadttor?

_ _ _ _ _ _ _ _ _
6

2. Wozu dient die Moschee?

_ _ _ _ _ _ _ _ _
7

3. Welchen Namen hat die Russische Kolonie?

_ _ _ _ _ _ _ _ _ _ _ _ _
2

4. Von welchem Bundesland ist Potsdam die Landeshauptstadt?

_ _ _ _ _ _ _ _ _ _ _ _
3

5. Wie heißt das Viertel mit den 134 roten Backsteinhäusern?

_ _
1

6. Schreibe den Namen des Architekten der Nicolaikirche auf!

_ _ _ _ _ _ _ _ _
8

7. In welchem Gebäude waren die königlichen Pferde untergebracht?

_ _ _ _ _ _ _ _ _ _
4

8. Wie heißt die Figur auf dem Alten Rathaus?

_ _ _ _ _
5

9. Wie hieß Potsdam vor 1000 Jahren?

_ _ _ _ _ _ _ _ _ _ _
9

Lösungswort: _ _ _ _ _ _ _ _ _
1 2 3 4 5 6 7 8 9

So findest du das Lösungswort:

1. Den Buchstaben über der Zahl der einzelnen Lösungen herausfinden.
2. Dann die Buchstaben im Lösungswort in der vorgegebenen Reihenfolge eintragen.